Ingo Heyse

ERSTE HILFE DEUTSCH

Kursmaterial für Geflüchtete

Hueber Verlag

Inhaltsverzeichnis

3. 2. 1. | Die letzten Ziffern
2026 25 24 23 22 | bezeichnen Zahl und Jahr des Druckes.
Alle Drucke dieser Auflage können, da unverändert, nebeneinander benutzt werden.
1. Auflage

Umschlaggestaltung: Sieveking · Agentur für Kommunikation, München
Layout und Satz: Sieveking · Agentur für Kommunikation, München
Verlagsredaktion: Marion Kerner und Thomas Stark, Hueber Verlag, München
Druck und Bindung: Passavia Druckservice GmbH & Co. KG, Passau
Printed in Germany
ISBN 978-3-19-501003-0

Art. 530_29427_001_01

WILLKOMMEN!

Welcome! This book is designed to give you a solid introduction to learning German. Each lesson is spread over a double page. Firstly your teacher reads the words or sentences aloud while you listen and read along. Then you repeat the words or sentences and practise with other people on your course. More exercises are provided on the right-hand page where the ❖ symbol means that you should come up with your own answer. What's more, you can listen to recordings of the most important words and sentences on our free app. Have fun!

Bienvenue ! Ce livre vous permet une bonne initiation à la langue allemande. Chaque leçon se compose d'une double page. Tout d'abord, votre enseignant / enseignante vous lit les mots ou les phrases à haute voix. Vous écoutez et suivez le texte en même temps. Ensuite, vous répétez. Entraînez-vous ensuite avec les autres participants du cours. Sur la page de droite, vous trouvez d'autres exercices. Le symbole ❖ signifie que vous devez répondre d'un point de vue personnel. Notre conseil : avec l'application gratuite, vous pouvez réécouter les mots et les phrases les plus importants. Bon apprentissage !

مرحبا! بهذا الكتاب تحصلون على مدخل جيد إلى اللغة الألمانية. كل درس مكون من صفحة مزدوجة. في البداية سوف تقوم/يقوم مديرة/مدير دورتكم التعليمية بتلاوة كلمات و/أو جمل عليكم. استمعوا لهذه الكلمات و/أو الجمل واقرأوها في نفس الوقت. بعد ذلك رددوها. تمرنوا بعد ذلك مع آخرين في الدورة التعليمية. على الجانب الأيمن تجدون تمارين أخرى. الرمز ❖ معناه أنه يجب عليكم هنا الإجابة من منظوركم الشخصي. نصيحتنا: باستخدام التطبيق المجاني يمكنكم الاستماع إلى أهم الكلمات والجمل. نتمنى لكم متعة جيدة!

خوش آمديد! اين كتاب امكان مناسبى براى برداشتن نخستين گام در زبان آلمانى در اختيار شما قرار ميدهد. هر درس از دوصفحه مقابل هم تشكيل شده است. ابتدا معلم شما كلمات يا جملاتى را ميخواند. به اين كلمات و جمله ها گوش بدهيد و خودتان هم متن را بخوانيد. سپس آنچه را كه شنيده ايد، تكرار نموده و پس از آن متن را با همكلاسيهاى خود تمرين كنيد. در طرف راست تمرينهاى بيشترى وجود دارند. علامت ❖ نشان دهنده اين است كه شما در اينجا بايد از جانب خودتان به پرسشها پاسخ دهيد. توصيه ما: به كمک اپليكيشن رايگان ميتوانيد مهمترين كلمات و جملات را گوش كنيد. اميدواريم از اين تمرين لذت ببريد!

Hueber Media-App

Liebe Kursleiterin, lieber Kursleiter,

Erste Hilfe Deutsch ermöglicht Ihren Lernenden einen praxisorientierten und kommunikativen Einstieg in die deutsche Sprache. Lesen Sie zunächst die *Wichtigen Wörter* in kleinen Blöcken vor, die Lernenden hören nur zu und lesen mit. Beim zweiten Durchgang sollten die Lernenden nachsprechen. Achten Sie von Anfang an darauf, dass die Aussprache der Lernenden gut und verständlich ist. Lassen Sie daher für diese Phase ausreichend Zeit. Gehen Sie dann zu den *Wichtigen Sätzen* und verfahren Sie entsprechend. Am Ende dieses Abschnittes sollen die Lernenden dann selbstständig kleine Dialoge üben. Die *Übungen* können Sie im Kurs bearbeiten oder als Hausaufgabe aufgeben.

Viel Spaß beim Unterrichten!

01 Begrüßung

Wichtige Wörter

1 **Ihr/e Lehrer/in liest vor. Lesen Sie mit. Sprechen Sie nach.**

Hallo!

Guten Morgen!

Guten Tag!

Guten Abend!

Tschüs!

Auf Wiedersehen!

Gute Nacht!

Herr

Frau

Wichtige Sätze

2 **Ihr/e Lehrer/in liest vor. Lesen Sie mit. Sprechen Sie nach.**

- ■ Hallo, Harun.
- ● Hallo, Aida.

- ▲ Guten Tag, Frau Hansen.
- ◆ Guten Tag, Herr Dawud.

- ◆ Auf Wiedersehen, Herr Dawud.
- ▲ Auf Wiedersehen, Frau Hansen.

3 **Schreiben Sie.**

Hallo!

4 **Sprechen Sie im Kurs.**

Guten Morgen!
Tschüs!

Übungen

5 **Ordnen Sie zu.**

Auf	Tag
Gute	Nacht
Guten	Abend
	Morgen
	Wiedersehen

6 **Kreuzen Sie an.**

☒ Guten Tag!
☐ Hallo!

☐ Guten Morgen!
☐ Hallo!

☐ Auf Wiedersehen!
☐ Tschüs!

☐ Hallo!
☐ Guten Tag!

☐ Hallo!
☐ Guten Tag!

☐ Guten Morgen!
☐ Gute Nacht!

☐ Hallo!
☐ Tschüs!

02 Vorstellung

Wichtige Wörter

1 **Ihr/e Lehrer/in liest vor. Lesen Sie mit. Sprechen Sie nach.**

ich

du

er

sie

es

wir

ihr

sie

Sie

Wichtige Sätze

2 **Ihr/e Lehrer/in liest vor. Lesen Sie mit. Sprechen Sie nach.**

- ■ Ich heiße Damaris. Und du?
- ● Ich heiße Maria.

- ▲ Ich heiße Zarif Osman. Und wie heißen Sie?
- ◆ Ich heiße Irina Petrowa.

!

	heißen
ich	heiße
du	heißt
er/sie/es	heißt
wir	heißen
ihr	heißt
sie/Sie	heißen

3 **Schreiben Sie.**

❖ Ich heiße ______________________________

4 **Sprechen Sie im Kurs.**

Wie heißt du?
Wie heißen Sie?

Übungen

5 **Schreiben Sie.**

i c h

__ u

e __ / s __ __ / __ s

w __ __

i __ __

s __ __ / __ __ __

6 **Ordnen Sie zu.**

er	
es	
du	heißt
sie	
ihr	heiße
ich	
wir	heißen
sie/Sie	

7 **Schreiben Sie.**

8 **Kreuzen Sie an.**

a Wie heißt ihr?
- ○ Sie heißt Eva.
- ☒ Maria und Eva.

b Wie heißen Sie?
- ○ Zarif Osman.
- ○ Maria und Eva.

c Wie heißt er?
- ○ Maria.
- ○ Markus.

d Wie heißt du?
- ○ Und ihr?
- ○ Irina Petrowa.

e Wie heißt sie?
- ○ Irina Petrowa.
- ○ Ich heiße Irina Petrowa.

f Ich heiße Maria. Und du?
- ○ Markus.
- ○ Sie heißt Maria.

9 **Schreiben Sie.**

■ Wie heißt ______ ? / ◆ ______ ______ Sie ?

❖ ______________________________

03 Herkunft und Wohnort

Wichtige Wörter

1 **Ihr/e Lehrer/in liest vor. Lesen Sie mit. Sprechen Sie nach.**

Deutschland

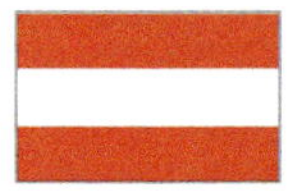
Österreich

die Schweiz

Syrien

Ghana

Libyen

Afghanistan

Eritrea

(der) Irak

(der) Senegal

Pakistan

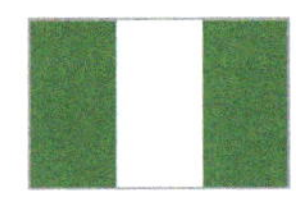
Nigeria

Wichtige Sätze

2 **Ihr/e Lehrer/in liest vor. Lesen Sie mit. Sprechen Sie nach.**

- ■ Woher kommst du?
- ● Ich komme aus Eritrea. Und du?
- ■ Aus Ghana.

- ▲ Woher kommen Sie?
- ◆ Ich komme aus Syrien. Und Sie?
- ▲ Aus Nigeria.

⚠ Ich komme aus (dem) Irak / (dem) Senegal / der Schweiz.

!

	kommen
ich	komme
du	kommst
er/sie/es	kommt
wir	kommen
ihr	kommt
sie/Sie	kommen

3 **Ihr/e Lehrer/in liest vor. Lesen Sie mit. Sprechen Sie nach.**

- ■ Wo wohnst du?
- ● Ich wohne in München. Und du?
- ■ In Augsburg.

⚠ Ich wohne in der Schweiz.

- ▲ Wo wohnen Sie?
- ◆ Ich wohne in Österreich, in Salzburg.

4 **Schreiben Sie.**

■ Woher kommst du?

❖ Ich komme aus ____________

■ Wo wohnst du?

❖ Ich wohne in ____________

5 **Sprechen Sie im Kurs.**

Woher kommst du? / Woher kommen Sie?
Wo wohnst du? / Wo wohnen Sie?

Übungen

6 **Schreiben Sie.**

Deut________ Öste________ Sch________

7 **Ordnen Sie zu.**

Woher	du?
Ich wohne	Sie?
Ich komme	in Berlin.
Wo wohnen	kommen Sie?
Woher kommst	aus Damaskus.

8 **Kreuzen Sie an.**

a Wo wohnst du?
☒ In Berlin.
◯ Aus Eritrea.

b Woher kommen Sie?
◯ Aus Irak.
◯ In Afghanistan.

c Wo wohnen Sie?
◯ Aus Irak.
◯ In Frankfurt.

9 **Schreiben Sie.**

■ Woher ________ du? / ◆ ________ ________ Sie?

❖ ____________________

■ Wo ________ du? / ◆ ________ ________ Sie?

❖ ____________________

04 Befinden

Wichtige Wörter

1 **Ihr/e Lehrer/in liest vor. Lesen Sie mit. Sprechen Sie nach.**

sehr gut

gut

es geht so

nicht so gut

Wichtige Sätze

2 **Ihr/e Lehrer/in liest vor. Lesen Sie mit. Sprechen Sie nach.**

- ■ Wie geht es dir?
- ● Sehr gut, danke. Und dir?
- ■ Auch gut, danke.

- ▲ Wie geht es Ihnen?
- ◆ Gut, danke. Und Ihnen?
- ▲ Nicht so gut.
- ◆ Oh, das tut mir leid.

3 **Schreiben Sie.**

Wie geht es?

 n i c h t __ __ ___

 ___

 __ ____ __

 ____ ___

4 **Zeichnen Sie vier Kärtchen.**

5 **Nehmen Sie die Kärtchen und sprechen Sie im Kurs.**

Wie geht es dir? / Wie geht es Ihnen?

Übungen

6 **Schreiben Sie.**

Wie geht es dir?

Gut. | ______ ______ | ______ ______ ______ | ______ ______ ______

7 **Kreuzen Sie an.**

a Wie geht es dir?
- ☒ Danke, gut.
- ☐ Und wie geht es dir?

b Wie geht es Ihnen?
- ☐ Sehr gut, danke.
- ☐ Auch gut, danke.

c Und dir?
- ☐ Nicht so gut.
- ☐ Wie geht es dir?

d Und wie geht es dir?
- ☐ Oh, das tut mir leid.
- ☐ Auch gut, danke.

e Nicht so gut.
- ☐ Auch gut, danke.
- ☐ Das tut mir leid.

f Und Ihnen?
- ☐ Und dir?
- ☐ Es geht so.

8 **Schreiben Sie.**

■ Wie geht ______ dir? / ◆ ______ ______ ______ Ihnen?

❖ ______________________________

05 Zahlen 0–20

Wichtige Wörter

1 **Ihr/e Lehrer/in liest vor. Lesen Sie mit. Sprechen Sie nach.**

0 null	10 zehn	
1 eins	11 elf	
2 zwei	12 zwölf	
3 drei	13 dreizehn	
4 vier	14 vierzehn	
5 fünf	15 fünfzehn	
6 sechs	16 sechzehn	
7 sieben	17 siebzehn	
8 acht	18 achtzehn	+ plus
9 neun	19 neunzehn	– minus
	20 zwanzig	= ist

!

13

dreizehn

Wichtige Sätze

2 **Ihr/e Lehrer/in liest vor. Lesen Sie mit. Sprechen Sie nach.**

- Wie viel ist zehn plus zwei?
- Zwölf.
- Ja, richtig!

- Wie viel ist zehn minus zwei?
- Sieben.
- Nein, leider nicht richtig.

3 **Schreiben Sie zwei Kärtchen.**

Wie viel ist achtzehn minus fünf?

Wie viel ist drei plus siebzehn?

4 **Nehmen Sie die Kärtchen und sprechen Sie im Kurs.**

Wie viel ist achtzehn minus fünf?
Wie viel ist drei plus siebzehn?

Übungen

5 **Ordnen Sie zu.**

elf	6
null	5
fünf	0
drei	11
zwei	12
zwölf	3
sechs	2
sieben	7
zwanzig	14
vierzehn	17
siebzehn	16
sechzehn	20

6 **Mathematik! Schreiben Sie.**

zwei → (+1) drei → (+1) vier → (+1) fünf → (+1) ____________

drei → sechs → neun → ____________ → ____________

null → vier → acht → zwölf → ____________ → ____________

zwanzig → fünfzehn → zehn → ____________

neunzehn → sechzehn → dreizehn → ____________ → ____________

7 **Sudoku! Schreiben Sie.**

sieben	zwei	drei	acht		sechs	eins	fünf	neun
sechs			drei		zwei			acht
acht			sieben	eins				zwei
	sieben		sechs	fünf	vier	neun	zwei	
		vier	zwei		sieben	drei		
	fünf		neun	drei	eins		vier	
fünf				sieben				drei
vier			eins		drei		neun	sechs
neun	drei	zwei				sieben	eins	vier

06 Zahlen 20–1.000

Wichtige Wörter

1 **Ihr/e Lehrer/in liest vor. Lesen Sie mit. Sprechen Sie nach.**

20 zwanzig
21 einundzwanzig
22 zweiundzwanzig
23 dreiundzwanzig
24 vierundzwanzig
25 fünfundzwanzig
26 sechsundzwanzig
27 siebenundzwanzig
28 achtundzwanzig
29 neunundzwanzig

30 dreißig
40 vierzig
50 fünfzig
60 sechzig
70 siebzig
80 achtzig
90 neunzig
100 (ein)hundert
200 zweihundert
1.000 (ein)tausend

!
24
vierundzwanzig

Wichtige Sätze

2 **Ihr/e Lehrer/in liest vor. Lesen Sie mit. Sprechen Sie nach.**

■ Wie ist deine Telefonnummer?
● 0171 55 94 83 21.
■ Entschuldigung, wie bitte?
● 0171 55 94 83 21.
■ Danke.

▲ Wie ist Ihre Telefonnummer?
◆ 0171 55 94 83 21.
▲ Entschuldigung, wie bitte?
◆ 0171 55 94 83 21.
▲ Danke.

⚠ eins + zwanzig = einundzwanzig.

3 **Schreiben Sie ein Kärtchen.**

4 **Nehmen Sie das Kärtchen und sprechen Sie im Kurs.**

Wie ist deine Telefonnummer?
Wie ist Ihre Telefonnummer?

Übungen

5 **Ordnen Sie zu.**

hundertdrei	103
dreihundert	43
dreiundvierzig	300
vierunddreißig	75
fünfundsiebzig	57
siebenundfünfzig	68
zweiundfünfzig	25
achtundsechzig	34
fünfundzwanzig	52
sechsundachtzig	86

6 **Zeichnen Sie eine Linie.**

~~zweiundvierzig~~ → ~~dreiundvierzig~~ → ~~vierunddreißig~~ → vierundvierzig → vierundfünfzig → vierundsechzig → fünfundsechzig → sechsundsechzig → sechsundfünfzig → sechsundvierzig → sechsunddreißig → siebenundvierzig → achtundvierzig → siebenunddreißig → sechsundzwanzig → fünfundzwanzig → vierundzwanzig → dreiunddreißig → zweiundvierzig

21	22	23	24	25	26	27	28	29	30
31	32	33	34	35	36	37	38	39	40
41	42	43	44	45	46	47	48	49	50
51	52	53	54	55	56	57	58	59	60
61	62	63	64	65	66	67	68	69	70

7 **Schreiben Sie.**

■ Wie ist deine ______ /

◆ ______ ______ Ihre ______

❖ ______

07 Uhrzeit

Wichtige Wörter

1 **Ihr/e Lehrer/in liest vor. Lesen Sie mit. Sprechen Sie nach.**

Wie spät ist es?

Wie viel Uhr ist es?

Es ist zehn vor neun.

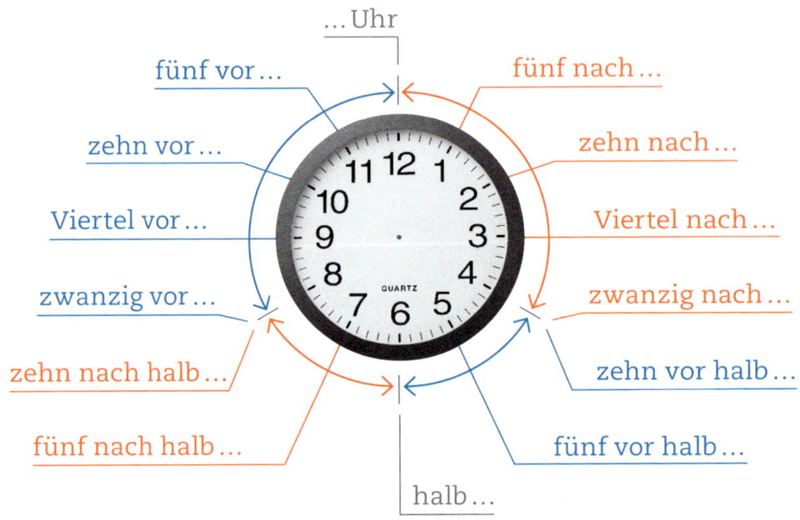

Es ist acht Uhr.

Es ist Viertel vor neun.

Es ist Viertel nach acht.

Es ist halb neun.

Zwanzig vor zwei.

Es ist fünf vor halb neun.

Wichtige Sätze

2 **Ihr/e Lehrer/in liest vor. Lesen Sie mit. Sprechen Sie nach.**

- ■ Wie spät ist es?
- ● Es ist halb drei.
- ■ Danke sehr.

- ▲ Entschuldigung, wie viel Uhr ist es?
- ◆ Viertel nach vier.
- ▲ Vielen Dank.

3 **Zeichnen Sie ein Kärtchen.**

4 **Nehmen Sie das Kärtchen und sprechen Sie im Kurs.**

Wie viel Uhr ist es? / Wie spät ist es?

Übungen

5 **Schreiben Sie.**

Wie sp_t ___ ___ ? / W__ v___ ___ ___ ___ ?

6 **Schreiben Sie.**

 Es ist ______________________

 ______________________

 ______________________

 ______________________

 ______________________

 ______________________

____

____

7 **Schreiben Sie die Uhrzeit.**

- ■ Wie spät ist es?
- ● Es ist Viertel vor acht.

- ▲ Wie spät ist es?
- ◆ Es ist zwanzig nach neun.

- ■ Wie viel Uhr ist es?
- ● Es ist fünf nach halb vier.

08 Familie

Wichtige Wörter

1 **Ihr/e Lehrer/in liest vor. Lesen Sie mit. Sprechen Sie nach.**

Antonio (Mann / Vater)

Linda (Frau / Mutter)

Isabella (Tochter)

Peter (Sohn)

Paul (Sohn)

Susanne (Tochter)

ledig

verheiratet

geschieden

verwitwet

!
1 = ein/e/n
2 = zwei
3 = drei

	♂♀	♂	♀	♂	♀
1	Kind	Sohn	Tochter	Bruder	Schwester
2, 3, …	Kinder	Söhne	Töchter	Brüder	Schwestern

Brüder + Schwestern = Geschwister

Wichtige Sätze

2 **Ihr/e Lehrer/in liest vor. Lesen Sie mit. Sprechen Sie nach.**

- ■ Bist du verheiratet? / ▲ Sind Sie verheiratet?
- ● Ja, ich bin verheiratet. Das ist mein Mann / meine Frau. / Nein, ich bin ledig.

- ■ Hast du Kinder? / ▲ Haben Sie Kinder?
- ● Ja, ich habe einen Sohn und eine Tochter. / Ja, ich habe zwei Töchter. / Nein, ich habe keine Kinder.

- ■ Hast du Geschwister? / ▲ Haben Sie Geschwister?
- ● Ja, ich habe zwei Brüder. / Nein, ich habe keine Geschwister.

!
✔ Ja ✘ Nein

!

	haben
ich	habe
du	hast
er/sie/es	hat
wir	haben
ihr	habt
sie/Sie	haben

3 **Sprechen Sie im Kurs.**

Bist du verheiratet? / Sind Sie verheiratet?
Hast du Geschwister? / Haben Sie Kinder?

> **!**
> Ich habe ...
> eine Tochter.
> einen Sohn.

Übungen

4 **Schreiben Sie.**

a l e d i g b v__ __h__ __r__ __ __ __ c g__ __ __ __ __ __den d ver__it__et

5 **Ordnen Sie zu.**

Habt	Kinder?
Sind	ihr Kinder?
Hast	du Kinder?
Haben	verheiratet?
Bist du	Sie verheiratet?
Haben Sie	Sie Geschwister?

6 **Schreiben Sie.**

Ich h a b e k e __ n__ K__nd__ __. • Ich h__ __ __ k__ __n__ Ge__ __ __ __ __ __ster.

Wir ha__ __ __ drei Kin__ __ __ __. • Ich __ __ __ __ __ zwei Sch__ __ __ __ter__.

Ich __ __ __ __ __ zwei T__cht__ __ __. • Ich __ __ __ __ __ einen B__ __der.

Wir __ __ __ __ __ __ zwei S__h__ __ und eine T__cht__ __ __.

7 **Schreiben Sie.**

Das ist meine Frau.

____

____

____

09 Beruf

Wichtige Wörter

1 **Ihr/e Lehrer/in liest vor. Lesen Sie mit. Sprechen Sie nach.**

♂ Kellner
♀ Kellnerin

Arzt
Ärztin

Krankenpfleger
Krankenschwester

Lehrer
Lehrerin

♂ Friseur
♀ Friseurin

Putzmann
Putzfrau

Koch
Köchin

Mechaniker
Mechanikerin

♂ Ingenieur
♀ Ingenieurin

Taxifahrer
Taxifahrerin

Altenpfleger
Altenpflegerin

Bauarbeiter
Bauarbeiterin

Wichtige Sätze

2 **Ihr/e Lehrer/in liest vor. Lesen Sie mit. Sprechen Sie nach.**

■ Was bist du von Beruf?
● Ich bin Kellner. Und du?
■ Ich bin Köchin.

▲ Was sind Sie von Beruf?
◆ Ich bin Lehrerin. Und Sie?
▲ Ich bin Friseur.

3 **Schreiben Sie: Was sind Sie von Beruf?**

❖ Ich bin ____________________

!

	sein
ich	bin
du	bist
er/sie/es	ist
wir	sind
ihr	seid
sie/Sie	sind

4 **Kettenübung: Sprechen Sie im Kurs.**

- ■ Ich bin Kellner. Und du, Ahmed?
  - ● Ich bin Koch. Und du? Was bist du von Beruf?
    - ❖ Ich bin …

Übungen

5 **Ordnen Sie zu.**

Arzt Köchin Friseur Ingenieurin Kellnerin

Taxifahrerin Putzmann

Bauarbeiter Altenpflegerin

Krankenpfleger Mechaniker Lehrerin

6 **Schreiben Sie.**

a L_e_hr_r_n b _rzt_n c P_tzfr__

d Kr_nk_nschw_st_r e K_ch_n f K_lln_r_n

7 **Schreiben Sie.**

Hallo, ich _bin_ Ben.
Ich ___ Mechaniker.

Hallo, ich ___ Anja.
Ich ___ Ingenieurin.

___, ___ ___ Mahmud.
Ich ___ Krank___.

8 **Schreiben Sie.**

■ _Was_ ___ _du_ _von_ _Beruf?_ / ◆ ___ ___ _Sie_ ___ ___

❖ ___

10 Wochentage und Monate

Wichtige Wörter

1 **Ihr/e Lehrer/in liest vor. Lesen Sie mit. Sprechen Sie nach.**

Woche: 6 — Monat: Februar

1 Montag	2 Dienstag	3 Mittwoch	4 Donnerstag	5 Freitag	6 Samstag	7 Sonntag
heute	morgen	über-morgen				

Januar	Juli	1. = der erste	10. = der zehnte
Februar	August	2. = der zweite	11. = der elfte
März	September	3. = der dritte	12. = der zwölfte
April	Oktober	4. = der vierte	…
Mai	November	…	20. = der zwanzigste
Juni	Dezember	7. = der siebte	21. = der einundzwanzigste

Wichtige Sätze

2 **Ihr/e Lehrer/in liest vor. Lesen Sie mit. Sprechen Sie nach.**

- ■ Welcher Tag ist heute?
- ● Heute ist Montag, der erste Februar.
- ■ Danke.

- ▲ Welcher Tag ist morgen?
- ◆ Morgen ist Dienstag, der 2.2.
- ▲ Danke.

3 **Kettenübung: Sprechen Sie im Kurs.**

- ■ Welcher Tag ist heute?
  - ● Heute ist Montag, der 1.2. Und welcher Tag ist morgen?
    - ❖ Morgen ist Dienstag, der 2.2. Und welcher Tag ist übermorgen?

4 **Ihr/e Lehrer/in liest vor. Lesen Sie mit. Sprechen Sie nach.**

- ■ Wann hast du Geburtstag?
- ● Am zwölften August. Und du?
- ■ Am dreißigsten Januar.

- ▲ Wann haben Sie Geburtstag?
- ◆ Am zweiten Februar.

5 **Sprechen Sie im Kurs.**

Wann hast du Geburtstag? / Wann haben Sie Geburtstag?

Übungen

6 **Schreiben Sie.**

						M	I	T	T					
					D									
			D											
		F												
					S		M							
S														

7 **Schreiben Sie.**

Mo, 2.12. = Montag, der zweite Dezember

Mi, 6.10. = ______

Do, 31.1. = ______

So, 3.3. = ______

Di, 1.7. = ______

Fr, 8.9. = ______

Sa, 11.6. = ______

8 **Ordnen Sie zu.**

Welcher	heute?
Wann hast	ist morgen?
Wann haben	du Geburtstag?
Welcher Tag	Sie Geburtstag?
Welcher Tag ist	Tag ist übermorgen?

9 **Schreiben Sie.**

■ Welcher ______ ist heute?

❖ ______

■ ______ hast du Geburtstag? / ◆ Wann haben ______ Geburtstag?

❖ ______

11 Tagesablauf

Wichtige Wörter

1 **Ihr/e Lehrer/in liest vor. Lesen Sie mit. Sprechen Sie nach.**

ich stehe (früh/spät) auf

ich dusche

ich frühstücke

ich schreibe an meine Freunde

ich lerne Deutsch

ich bete

ich koche

ich lese

ich spiele Fußball

ich putze

ich telefoniere

ich gehe spazieren

Morgen

Vormittag

Mittag

Nachmittag

Abend

Wichtige Sätze

2 **Ihr/e Lehrer/in liest vor. Lesen Sie mit. Sprechen Sie nach.**

■ Was machst du morgen Abend?
● Ich koche und ich lese.

▲ Was machen Sie morgen Vormittag?
◆ Ich gehe spazieren.

3 **Sprechen Sie im Kurs.**

Was machst du morgen früh?
Was machen Sie morgen Nachmittag?

! morgen ~~Morgen~~
→ morgen früh

Übungen

4 **Schreiben Sie.**

ich früh ______

ich t ______

ich k ______

ich p ______

ich l ______

ich d ______

5 **Ordnen Sie zu.**

ich lerne	Deutsch
ich gehe	Fußball
ich spiele	spazieren
ich schreibe	an meine Freunde

6 **Ordnen Sie zu.**

07:00	11:00	12:00	15:00	19:00
Mittag	Vormittag	Morgen	Abend	Nachmittag

7 **Schreiben Sie.**

■ Was machst du morgen Vormittag?
❖ ______

◆ Was machen Sie morgen Abend?
❖ ______

12 Körper

Wichtige Wörter

1 Ihr/e Lehrer/in liest vor. Lesen Sie mit. Sprechen Sie nach.

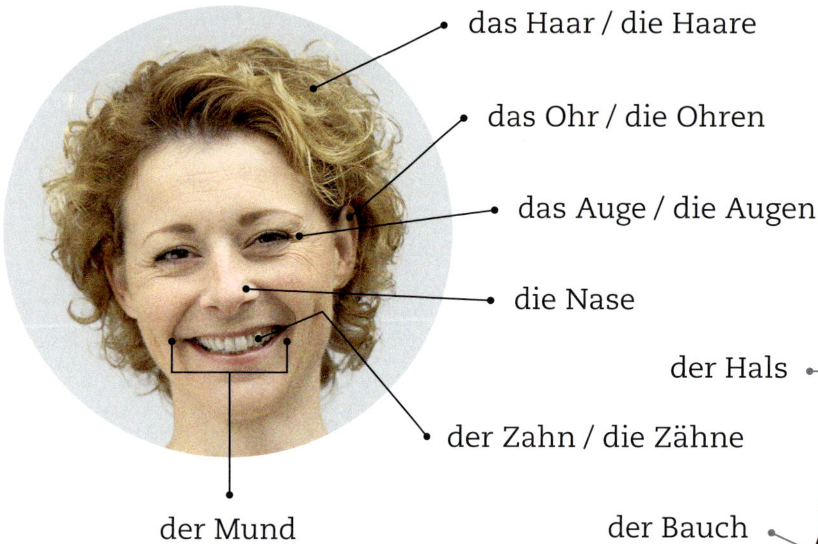

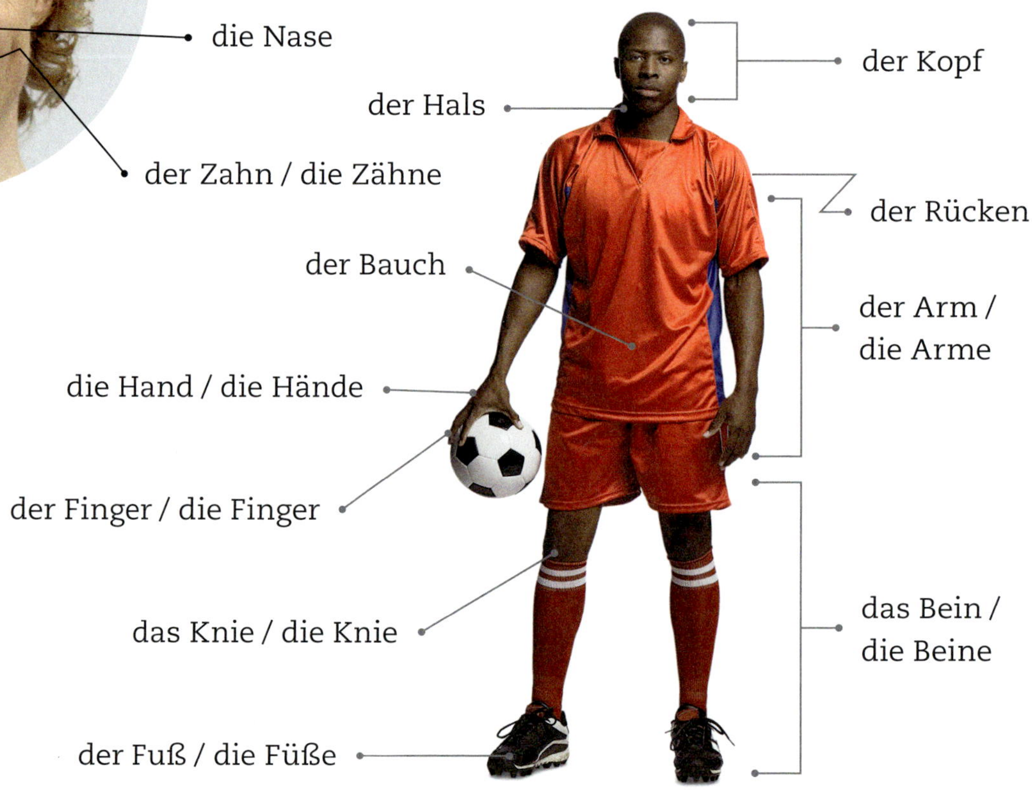

Wichtige Sätze

2 Ihr/e Lehrer/in liest vor. Lesen Sie mit. Sprechen Sie nach.

- Was ist das?
- Die Nase.
- Richtig.

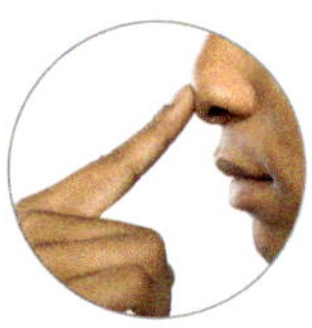

3 Zeigen und sprechen Sie im Kurs.

Was ist das?

4 **Ihr/e Lehrer/in liest vor. Lesen Sie mit. Sprechen Sie nach.**

- ■ Was fehlt dir?
- ● Mein Kopf tut weh.
- ■ Oh je! Gute Besserung!

- ▲ Was fehlt Ihnen?
- ◆ Meine Beine tun weh.
- ▲ Oh je! Gute Besserung!

5 **Schreiben Sie drei Kärtchen.**

!

der Kopf → Mein Kopf tut weh.
die Hand → Meine Hand tut weh.
das Auge → Mein Auge tut weh.

die Hände → Meine Hände tun weh.

6 **Nehmen Sie die Kärtchen und sprechen Sie im Kurs.**

Was fehlt dir? / Was fehlt Ihnen?

Übungen

7 **Schreiben Sie.**

Wie viele? 1: Kopf, N____, H____, M____, B_____, R______

Wie viele? 2: A_____, O_____, A____, H_____,
B_____, K____, F____

Wie viele? 10: ______

Wie viele? 32: _____

8 **Was fehlt dir/Ihnen? Schreiben Sie.**

Mein Bauch tut weh.

Mein ________ ______ ______

______ ______ ______ ______

13 Beim Arzt

Wichtige Wörter

1 Ihr/e Lehrer/in liest vor. Lesen Sie mit. Sprechen Sie nach.

Husten

Schnupfen

Fieber

Schmerzen

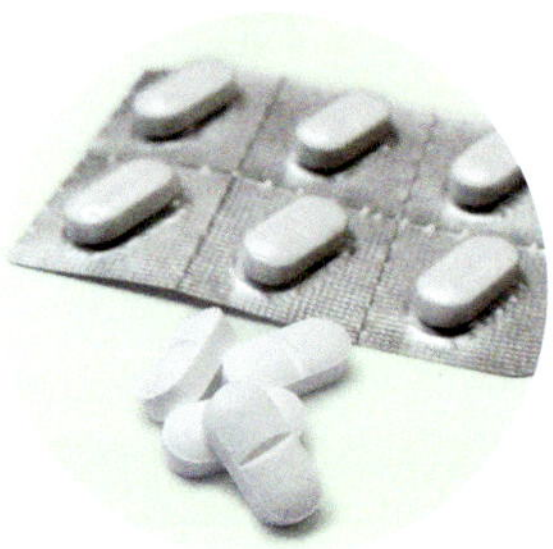
Tablette(n)

Tropfen

Hustensaft

Salbe

Wichtige Sätze

2 Ihr/e Lehrer/in liest vor. Lesen Sie mit. Sprechen Sie nach.

▲ Was fehlt Ihnen?
◆ Ich bin krank. Ich habe Husten.
▲ Haben Sie Fieber?
◆ Ja. / Nein.

▲ Was fehlt Ihnen?
◆ Ich habe Schmerzen ... hier.

▲ Nehmen Sie ...
... eine (1) Tablette einmal (1x) täglich.
... zwei (2) Löffel zweimal (2x) täglich.
... zehn (10) Tropfen dreimal (3x) täglich.

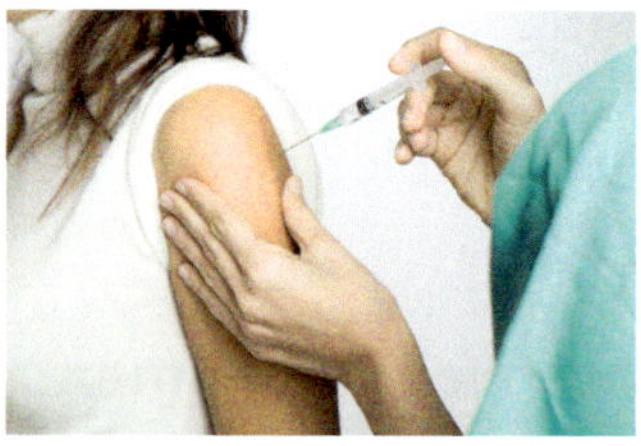
Ich gebe Ihnen eine Spritze.

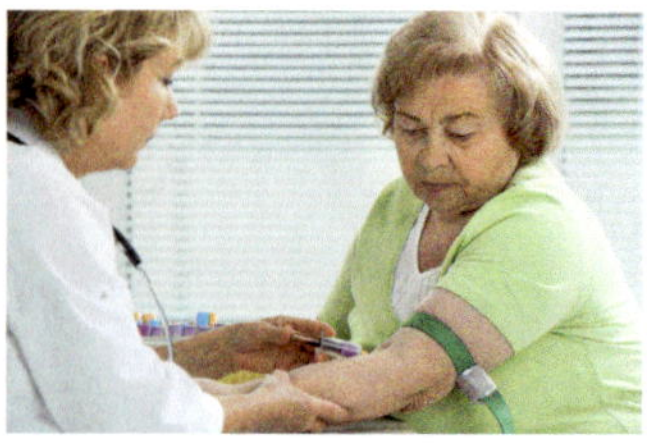
Ich nehme Ihnen Blut ab.

3 **Schreiben Sie 4 Kärtchen.**

4 **Nehmen Sie die Kärtchen und sprechen Sie im Kurs.**

Was fehlt Ihnen? / Haben Sie Fieber?
Haben Sie Schmerzen?

Übungen

5 **Schreiben Sie.**

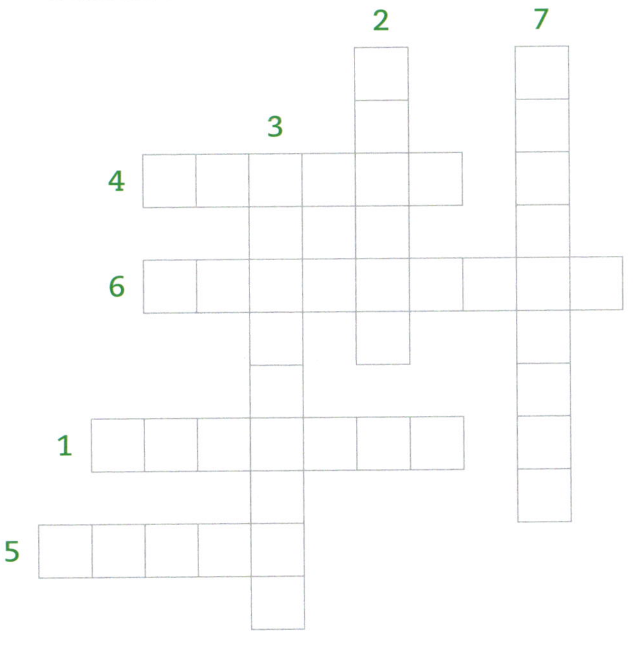

1

2

3

4

5

6

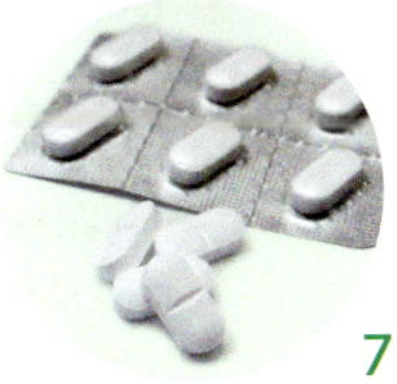
7

6 **Ordnen Sie zu.**

Ich bin	krank.
Haben	Ihnen?
Ich habe	Fieber?
Was fehlt	Sie Schnupfen?
Nehmen Sie	1 Tablette täglich.
Haben Sie	Schmerzen ... hier.

14 Lebensmittel

Wichtige Wörter

1 **Ihr/e Lehrer/in liest vor. Lesen Sie mit. Sprechen Sie nach.**

Nudeln, Reis, Eier, Kartoffeln, Brot
Käse, Wurst, Fleisch, Fisch, Salat
Tomaten, Bananen, Äpfel, Orangen, Milch
Saft, Tee, Kaffee, Bier, Mineralwasser

Wichtige Sätze

2 **Ihr/e Lehrer/in liest vor. Lesen Sie mit. Sprechen Sie nach.**

- Was trinkst du gern?
- Ich trinke gern Bier. Und du?
- Ich trinke gern Tee.
- Ich trinke keinen Alkohol.

- Was isst du gern?
- Ich esse gern Reis. Und du?
- Ich esse gern Kartoffeln.
- Ich esse kein Schweinefleisch.

3 **Schreiben Sie zwei Kärtchen.**

!

	essen	trinken
ich	esse	trinke
du	isst	trinkst
Sie	essen	trinken

4 **Nehmen Sie die Kärtchen und sprechen Sie im Kurs.**

Was isst du / essen Sie gern?
Was trinkst du / trinken Sie gern?

Übungen

5 **Schreiben Sie.**

a T e e b Sa__ __ c K__ __ __ __ __ d B__ __r

e Mi__ __ __ f M__n__r__lw__ __ __ __ __r

6 **Schreiben Sie.**

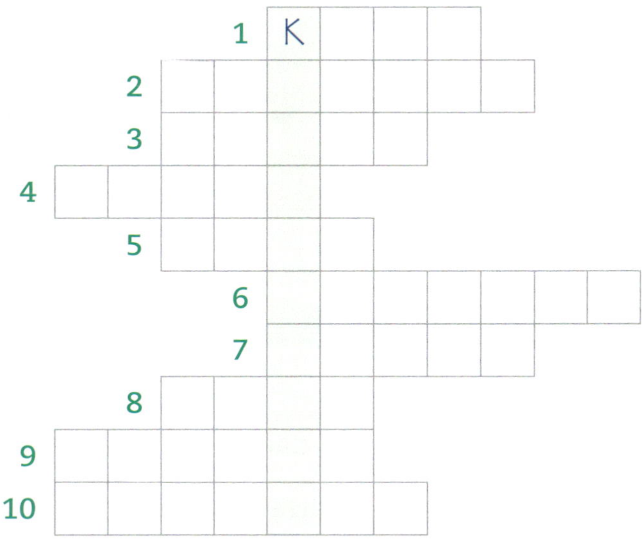

1

2

3

4

5

6

7

8

9

10

7 **Schreiben Sie.**

■ Ich t__________ gern Bier. Und was t__________ du gern?

❖ ______________________________

◆ Ich e__________ gern Fisch. Und was e__________ Sie gern?

❖ ______________________________

15 Am Tisch

Wichtige Wörter

1 **Ihr/e Lehrer/in liest vor. Lesen Sie mit. Sprechen Sie nach.**

das Glas

die Tasse

der Teller

das Besteck

das Messer

die Gabel

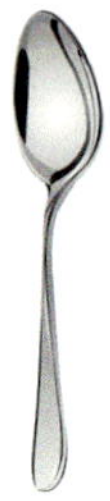
der Löffel

der Teelöffel

Salz und Pfeffer

das Wasser

das Brot

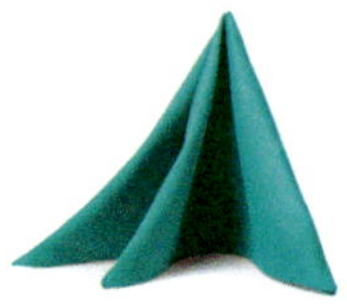
die Serviette

Wichtige Sätze

2 **Ihr/e Lehrer/in liest vor. Lesen Sie mit. Sprechen Sie nach.**

- ■ Gibst du mir bitte das Brot?
- ● Hier, bitte.
- ■ Danke.

- ▲ Geben Sie mir bitte das Wasser?
- ◆ Hier, bitte.
- ▲ Danke.

!

Gibst du mir bitte …

der Teller	→ den Teller
die Gabel	→ die Gabel
das Glas	→ das Glas

3 **Zeichnen Sie fünf Kärtchen.**

4 **Nehmen Sie die Kärtchen und sprechen Sie im Kurs.**

Übungen

5 **Schreiben Sie.**

B e s t e c k : M________, G______, L________, ____________

6 **Schreiben Sie.**

tellergabelsalzpfefferbrotlöffelmessertassetellerbesteckmesser

Teller, ____

____

7 **Zeichnen Sie eine Linie (Wörter aus Übung 6).**

8 **Ordnen Sie zu.**

der	Brot
die	Löffel
das	Teller
	Gabel
	Messer
	Wasser
	Serviette

9 **Schreiben Sie.**

■ Gibst du mir ______ Salz und Pfeffer?

❖ ______________________________

■ ______________________________

16 Wetter

Wichtige Wörter

1 **Ihr/e Lehrer/in liest vor. Lesen Sie mit. Sprechen Sie nach.**

Die Sonne scheint.

Es ist bewölkt.

Es regnet.

Es ist windig.

Es schneit.

Es ist heiß.

Es ist warm.

Es ist kühl.

Es ist kalt.

Frühling

Sommer

Herbst

Winter

Wichtige Sätze

2 **Ihr/e Lehrer/in liest vor. Lesen Sie mit. Sprechen Sie nach.**

- Wie ist das Wetter?
- Die Sonne scheint und es ist warm.

- Wie ist das Wetter morgen?
- Es regnet und es ist kalt.

3 **Schreiben Sie zwei Kärtchen.**

4 **Nehmen Sie die Kärtchen und sprechen Sie im Kurs.**

Wie ist das Wetter?
Wie ist das Wetter morgen?

Übungen

5 **Schreiben Sie.**

Es reg____.

E_ s_______.

_s i__ w______.

__ ___ be_____.

D__ S____ s______.

6 **Schreiben Sie.**

Frühling ↔ He____

Som___ ↔ ______

he__ ↔ ____

kü__ ↔ w___

7 **Ordnen Sie zu.**

Es
Es ist

kalt.
heiß.
regnet.
windig.
schneit.
bewölkt.

8 **Schreiben Sie.**

■ ________ ist das Wetter?

❖ ____________________

17 Kleidung

Wichtige Wörter

1 **Ihr/e Lehrer/in liest vor. Lesen Sie mit. Sprechen Sie nach.**

das Hemd

die Bluse

das T-Shirt

der Pullover

das Kleid

der Rock

die Hose

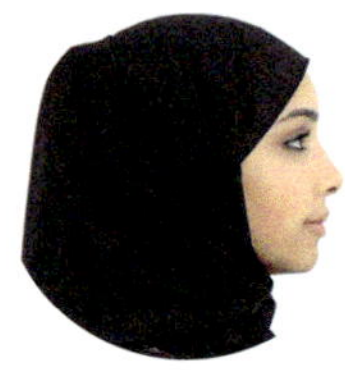
das Kopftuch

die Jeans

der Gürtel

die Jacke

der Schuh
→ die Schuhe

- schwarz
- weiß
- blau
- gelb
- rot
- grün
- orange
- lila
- braun
- grau
- rosa

Wichtige Sätze

2 **Ihr/e Lehrer/in liest vor.**
Lesen Sie mit. Sprechen Sie nach.

- ■ Welche Farbe hat das T-Shirt von Ahmed?
- ● Blau und weiß.
- ■ Richtig. / Leider nicht richtig.

!

Welche Farbe hat	der Rock …?
	die Hose …?
	das Kleid …?
Welche Farbe haben	die Schuhe …?

3 **Schreiben Sie fünf Kärtchen.**

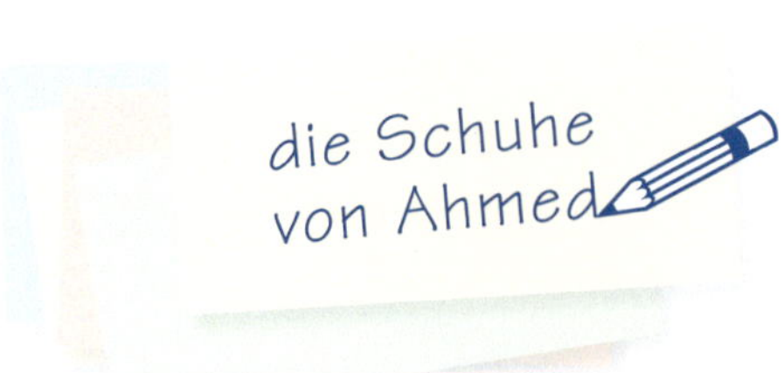

4 **Nehmen Sie die Kärtchen und sprechen Sie im Kurs.**

Welche Farbe haben die Schuhe von Ahmed?

Übungen

5 **Schreiben Sie.**

schwa_ _ + _ _ _ _ = _ _ _ _
_ _ _ + _ _ _ _ = _ _ _ _ _ _
_ _ _ _ + _ _ _ = _ _ _ _
_ _ _ _ + _ _ _ _ = _ _ _ _

6 **Schreiben Sie.**

medH → Hemd	esuBl → ______	rütelG → ______
cokR → ______	nesaJ → ______	levulorP → ______
soHe → ______	Jekac → ______	fuKpocht → ______

7 **Schreiben Sie die Wörter aus Übung 6.**

der: ______

die: ______

das: Hemd

8 **Schreiben Sie.**

■ We______ F______ h______ die Schuhe?

❖ ______

● Welche ______

❖ ______

18 Einkaufen und Geld

Wichtige Wörter

1 **Ihr/e Lehrer/in liest vor. Lesen Sie mit. Sprechen Sie nach.**

das Wasser

der Eistee

die Cola

der Schirm

die SIM-Karte

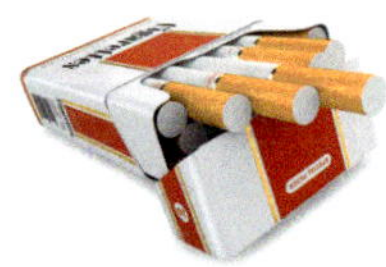
die Zigaretten

das Brötchen mit Käse

Was kostet ...?

0,90 €
neunzig Cent

1,95 €
einen Euro fünfundneunzig

2,30 €
zwei Euro dreißig

Wichtige Sätze

2 **Ihr/e Lehrer/in liest vor.**
Lesen Sie mit. Sprechen Sie nach.

- ▲ Was kostet das Wasser?
- ◆ Einen Euro dreißig.

- ▲ Was kostet das Brötchen mit Käse?
- ◆ Zwei Euro fünfzig.

!

Was kostet der Tee?
die Cola?
das Wasser?

Was kosten die Zigaretten?

3 **Sprechen Sie im Kurs.**

Was kostet ...?
Was kosten ...?

1,70 €

5,70 €

1,25 €

2,60 €

4 **Ihr/e Lehrer/in liest vor. Lesen Sie mit. Sprechen Sie nach.**

- ▲ Guten Tag. Ich hätte gern eine Cola.
- ◆ Sonst noch etwas?
- ▲ Nein danke, das ist alles.
- ◆ Das macht einen Euro siebzig.
- ▲ Hier, bitte.
- ◆ Danke. Auf Wiedersehen!
- ▲ Auf Wiedersehen!

!

Ich hätte gern ~~der~~ einen Tee.
~~die~~ eine Cola.
~~das~~ ein Wasser.
~~die~~ Zigaretten.

5 Sprechen Sie im Kurs.

Guten Tag. Ich hätte gern ...

Übungen

6 Schreiben Sie.

a Eist e e b C _ _ _ c S _ _ _ _ _ d W _ _ _ _ _

e SIM- _ _ _ _ _ f Z _ _ _ _ _ _ _ _ _

g _ _ _ _ _ _ _ _ mit _ _ _ _

7 Schreiben Sie die Wörter aus Übung 6.

Was kostet der	Was kostet die	Was kostet das	Was kosten die
Eistee?	______	______	______
______	______	______	
		mit ______	

8 Schreiben Sie.

Ich hätte gern einen Eistee.

Ich hätte gern ______ Brötchen mit Käse.

Ich hätte gern ______ Cola.

Ich hätte gern ______ Schirm.

9 Schreiben Sie.

❖ Guten Tag. Ich hätte gern ______

◆ Sonst noch etwas?

❖ Nein danke, ______

◆ Das macht ______

❖ ______

◆ Danke. Auf Wiedersehen!

❖ ______

19 Wohnen

Wichtige Wörter

1 Ihr/e Lehrer/in liest vor. Lesen Sie mit. Sprechen Sie nach.

das Schlafzimmer

das Wohnzimmer

die Küche

das Bad

die Toilette/
das WC

die Dusche

das Bett

der Schrank

das Regal

der Tisch

der Stuhl

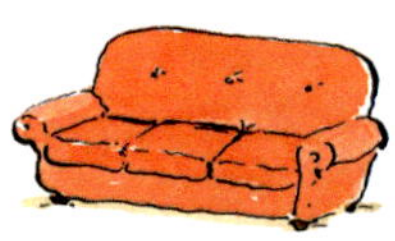
das Sofa

die Lampe

der Teppich

der Herd

Wichtige Sätze

2 Ihr/e Lehrer/in liest vor. Lesen Sie mit. Sprechen Sie nach.

- Wie heißt das auf Deutsch?
- Das Schlafzimmer.
- Nein, leider nicht.
- Das Bett.
- Richtig.

!

der Stuhl
die Lampe
das Bett

3 Zeichnen Sie fünf Kärtchen.

4 **Nehmen Sie die Kärtchen und sprechen Sie im Kurs.**

Wie heißt das auf Deutsch?

Übungen

5 **Schreiben Sie die Namen der Zimmer.**

a B a d **b** K _ _ _ _ **c** T o _ _ _ _ _ _ _

d S _ _ _ _ _ _ _ _ _ _ _ **e** W _ _ _ _ _ _ _ _ _

6 **Ordnen Sie zu.**

Dusche	Bad
Herd	
Stuhl	Küche
Schrank	
Tisch	Wohnzimmer
Sofa	
Bett	Schlafzimmer

7 **Schreiben Sie.**

■ W i e h _ _ _ _ das _ _ _ _ _ _ _ _ _ _ ?

❖ ____________________

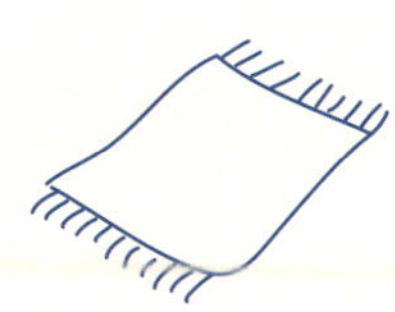

■ ________ ________ das ________ ________ ?

❖ ____________________

■ ____________________

❖ ____________________

20 Freizeitaktivitäten

Wichtige Wörter

1 Ihr/e Lehrer/in liest vor. Lesen Sie mit. Sprechen Sie nach.

joggen

fernsehen

Rad fahren

Musik hören

schwimmen

Bücher lesen

Klavier spielen

ins Kino gehen

Basketball spielen

mit Freunden chatten

ins Fitnessstudio gehen

mit meinen Kindern spielen

Wichtige Sätze

2 Ihr/e Lehrer/in liest vor. Lesen Sie mit. Sprechen Sie nach.

- ■ Was machst du in deiner Freizeit?
- ● Rad fahren und Musik hören. Und du?
- ■ Musik hören und ins Kino gehen.

- ▲ Was machen Sie in Ihrer Freizeit?
- ◆ Schwimmen. Und Sie?
- ▲ Mit meinen Kindern spielen.

3 Sprechen Sie im Kurs.

Was machst du in deiner Freizeit?
Was machen Sie in Ihrer Freizeit?

Übungen

4 **Schreiben Sie die Freizeitaktivitäten.**

1 Musi_ ______

6 _ _ _ _ _ _

2 _ _ _ _ _ _ _ _ _

7 _ _ _

_ _ _ _ _ _ _ _ _ _ _ _ _
_ _ _ _ _

3 _ _ _ _ _ _
_ _ _ _ _

8 _ _ _
_ _ _ _ _ _

4 _ _ _ _ _ _ _
_ _ _ _ _ _ _

9 _ _ _ _ _ _ _ _ _ _ _ _
_ _ _ _ _ _ _

5 _ _ _ _ _ _ _ _ _

10 _ _ _ _ _ _ _ _ _

_ _ _ _ _ _ _ _ _
_ _ _ _ _ _ _ _ _

Lösung:

i _ _ _ _ _ _ _ _ _ _ _ _ _ _

5 **Schreiben Sie.**

- ■ Was m______ du ___ ________ Fr__z__t? /
- ◆ Was m______________ Sie in __________ ______________?
- ❖ ____

21 Verkehrsmittel

Wichtige Wörter

1 **Ihr/e Lehrer/in liest vor. Lesen Sie mit. Sprechen Sie nach.**

die Straßenbahn

der Bus

die U-Bahn

die S-Bahn

das Auto

das Taxi

das Fahrrad

zu Fuß gehen

Wichtige Sätze

2 **Ihr/e Lehrer/in liest vor. Lesen Sie mit. Sprechen Sie nach.**

▲ Wie komme ich am besten ins Zentrum?
◆ Nehmen Sie den Bus.

▲ Wie komme ich am besten ins Zentrum?
◆ Nehmen Sie ein Taxi.

▲ Wie komme ich am besten ins Zentrum?
◆ Gehen Sie zu Fuß.

!

Nehmen Sie …

der Bus	→ den Bus
die S-Bahn	→ die S-Bahn
das Auto	→ das Auto

⚠ Nehmen Sie ein Taxi.

⚠ Gehen Sie zu Fuß.

3 **Schreiben Sie fünf Kärtchen.**

4 Nehmen Sie die Kärtchen und sprechen Sie im Kurs.

Wie komme ich am besten ins Zentrum?

Übungen

5 Schreiben Sie die passenden Verkehrsmittel.

Au__, B__, T___

S_____, S___________, U_____

F______

6 Schreiben Sie.

der Bus

____ Taxi

____ Auto

____ S-Bahn

____ U-Bahn

____ Fahrrad

____ Straßenbahn

Ich _____ ___ Fuß.

7 Schreiben Sie.

◆ ____ komme ____ am besten ins ____ ?

❖ ________________

22 In der Stadt

Wichtige Wörter

1 **Ihr/e Lehrer/in liest vor. Lesen Sie mit. Sprechen Sie nach.**

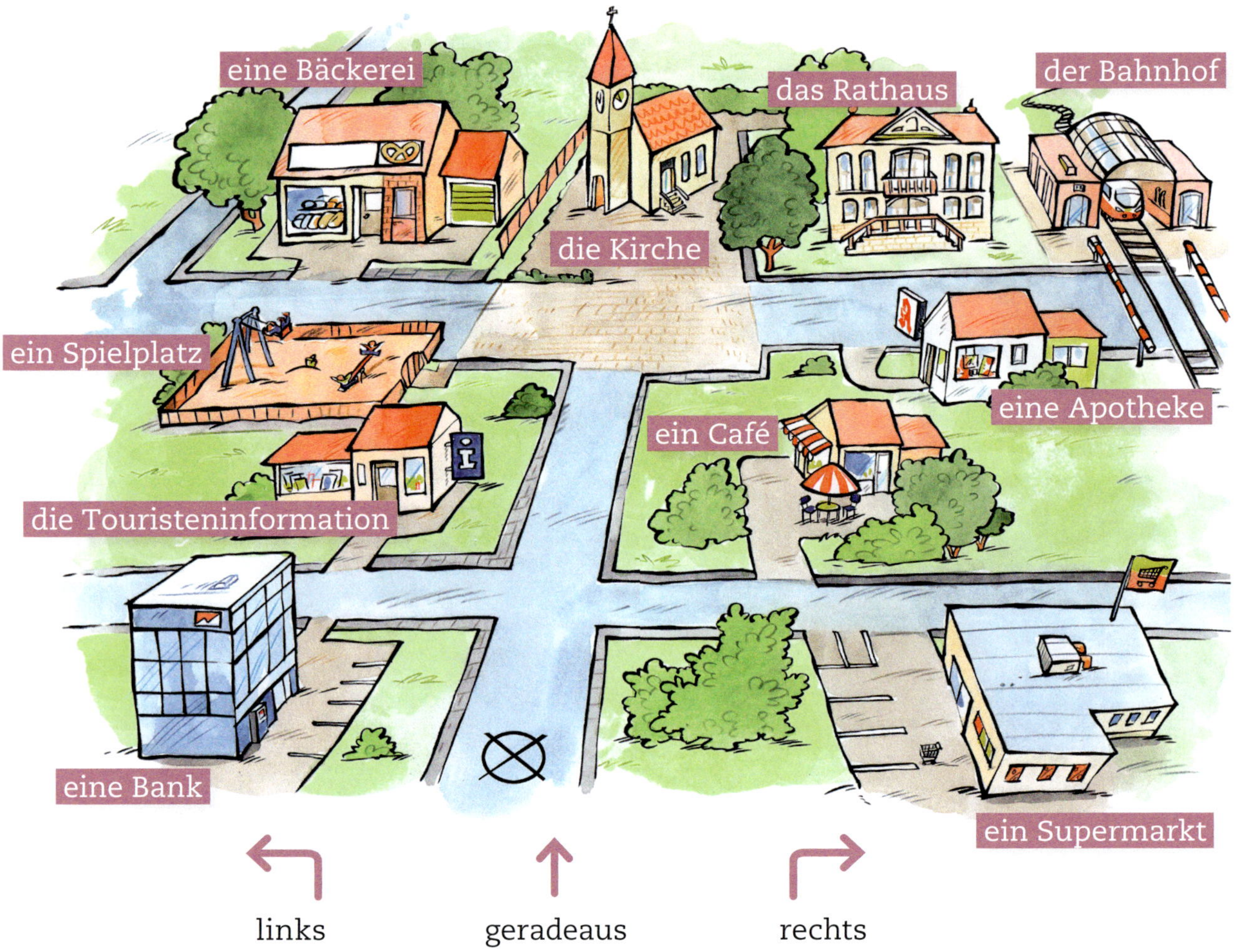

Wichtige Sätze

2 **Ihr/e Lehrer/in liest vor. Lesen Sie mit. Sprechen Sie nach.**

- ▲ Entschuldigung. Wo ist der Bahnhof?
- ◆ Gehen Sie geradeaus und dann rechts.
- ▲ Danke.

- ▲ Entschuldigung. Wo ist hier ein Café?
- ◆ Gehen Sie rechts und dann links.
- ▲ Entschuldigung. Noch einmal, bitte.
- ◆ Gehen Sie rechts und dann links.
- ▲ Danke.

!

der Bahnhof
die Kirche
das Rathaus
die Touristeninformation

!

ein Supermarkt	eine Apotheke
ein Spielplatz	eine Bank
ein Café	eine Bäckerei

3 **Sprechen Sie im Kurs mithilfe der Skizze in 1.**

Entschuldigung. Wo ist hier eine Apotheke?
Entschuldigung. Wo ist das Rathaus?

Übungen

4 **Ordnen Sie zu.**

Ca	fé
Kir	rei
Rat	hof
Apo	che
Spiel	haus
Bahn	platz
Bäcke	theke
Super	markt
Touristen	information

5 **Schreiben Sie.**

l i _ _ _ ↰
g _ _ _ _ _ _ _ _ ↑
r _ _ _ _ _ ↱

6 **Schreiben Sie.**

◆ Entschuldigung. Wo ist _ _ _ Bahnhof?
❖ ______________________________

◆ Ent__________. ________ ist ________ ________ Spielplatz?
❖ ______________________________

◆ Entschuldigung. N________ e________ bitte.
❖ ______________________________

Grammatik

Verben verbs

	L02	L09	L08	L02	L03	L03	L14	L14	L21
		sein	**haben**	**heißen**	**kommen**	**wohnen**	**trinken**	**essen**	**nehmen**
ich		bin	habe	heiße	komme	wohne	trinke	esse	nehme
du		bist	hast	heißt	kommst	wohnst	trinkst	isst	nimmst
er / sie / es		ist	hat	heißt	kommt	wohnt	trinkt	isst	nimmt
wir		sind	haben	heißen	kommen	wohnen	trinken	essen	nehmen
ihr		seid	habt	heißt	kommt	wohnt	trinkt	esst	nehmt
sie / Sie		sind	haben	heißen	kommen	wohnen	trinken	essen	nehmen

Kommen Sie! Gehen Sie! Nehmen Sie!

Nomen nouns

Nominativ subject L08/L12/L17/L18/L19/L22

1	der / ein / mein	Sohn Bruder	die / eine / meine	Tochter Schwester	das / ein / mein	Kind
2, 3, …	die / meine	Söhne Brüder	die / meine	Töchter Schwestern	die / meine	Kinder

Akkusativ direct object L15/L18/L21

der / ein Teller → den / einen Teller
die / eine Gabel → die / eine Gabel
das / ein Glas → das / ein Glas
die Zigaretten → die Zigaretten

Gibst du mir bitte den Teller?
Ich hätte gern einen Schirm.
Nehmen Sie den Bus.

Fragen Questions

Wann?	Wann hast du Geburtstag?
Was?	Was kostet …? / Was machst du morgen? / Was bist du von Beruf? / Was fehlt dir?
Wie?	Wie heißt du? / Wie geht es dir? / Wie spät ist es? / Wie ist das Wetter? / Wie heißt das auf Deutsch? / Wie komme ich am besten ins Zentrum?
Wie viel?	Wie viel ist drei plus …? / Wie viel Uhr ist es?
Wo?	Wo wohnst du? / Wo ist der Bahnhof?
Woher?	Woher kommst du?
Welch- ?	Welcher Tag ist heute? / Welche Farbe hat …?

Wann? →
Am dritten November.

Ich bin verheiratet.
⤡
Bist du verheiratet?
→ ✔ Ja. / ✘ Nein.